누리 과정에서 쏙쏙
자연탐구 탐구과정 즐기기 – 주변 세계와 자연에 대해 지속적으로 호기심을 가진다.
자연과 더불어 살기 – 주변의 동식물에 관심을 가진다.

초등 과정에서 쏙쏙
과학 3-1 3.동물의 한살이 – 2.여러 가지 동물의 한살이

감수 및 추천 이명근 박사(미국 존스홉킨스 대학교 교수 역임, 현재 연세대학교 보건대학원 교수)

세계 곳곳의 재난지에 뛰어들어 어린이들은 물론 도움이 필요한 사람들을 구조하며 봉사의 삶을 사는 분입니다. 알아야 더 잘할 수 있다는 믿음으로 연세대학교 보건대학원에 '국제 재난 대응 전문가 과정'을 개설하여 많은 재난 구조 전문가를 양성하고 있습니다. 국제 NGO인 '머시코'(Mercy Corp.)와 UNDP(유엔경제개발계획)에서 활동하기도 했습니다. 지금은 재난 구호의 필요성을 알리고, 아시아와 아프리카의 개발을 위해 '코이카'(KOICA, 한국국제협력단)와 국제 개발 기관인 '글로벌 투게더' 등과 함께 봉사에 앞장서고 있습니다.

글 김해린

동국대학교에서 문예창작학을 공부하였습니다. 전 문화관광부와 디자인하우스 등에서 기자로 활동하였으며, 오랫동안 동화 작가로 활동하였습니다. 작품으로는 〈우당탕탕 나롱이의 하루〉, 〈안 돼, 사우르〉, 〈아로 다로의 미로 찾기 대회〉, 〈위 메이커〉, 〈노벨상이 두 번 선택한 과학자 마리 퀴리〉 등이 있습니다.

그림 마리아 콜커

러시아 모스크바에서 태어나 자랐으며, 모스크바 국립 대학교에서 일러스트레이션, 북디자인, 미술 역사 등을 공부했어요. 영국, 러시아, 미국 등에서 25권 이상의 책에 그림을 그렸어요.

동물 | 곤충의 한살이
06. 나는 내가 좋아

글 김해린 | **그림** 마리아 콜커
펴낸곳 스마일 북스 | **펴낸이** 이행순 | **제작 상무** 장종남
대표 조주연 | **주소** 서울특별시 종로구 사직로8길 20, 103호
출판등록 제2013-000070호 **홈페이지** www.smilebooks.co.kr
전화번호 1588-3201 **팩스** (02)747-3108
기획·편집 조주연 김민정 김인숙 | **디자인** 김수정 정수하
사진 제공 및 대여 셔터스톡 연합뉴스 프리픽

이 책의 모든 글과 그림 등의 저작권은 스마일 북스에 있습니다.
본사의 허락 없이 이 책에 실린 내용의 일부 또는 전체를 어떤 형태로든지
변조하거나 무단 복제하는 것은 법으로 금지되어 있습니다.

⚠ 책을 집어던지면 다칠 수 있으니 조심하십시오. 잘못 만들어진 책은 바꾸어 드립니다.

나는 내가 좋아

글 김해린 | 그림 마리아 콜커

Smile Books

늘어진 나뭇가지 잎사귀 위에 아주 작은 알이 있었어요.
어느 날, 알이 조금씩 움직이더니
그 안에서 조그마한 애벌레가 꼬물꼬물 나왔어요.

애벌레는 누가 알려 주지도 않았는데
알껍데기를 야금야금 갉아 먹었어요.
든든히 배를 채운 애벌레는 큰 소리로 외쳤어요.
"나는 세상에서 가장 멋진 나비가 될 거야!"

애벌레는 허물을 벗고 무럭무럭 자라났어요.
"안녕?"
배춧잎 위에 앉아 있던 초록색 애벌레가 말을 걸었어요.
"아, 안녕? 넌 누구니?"
"난 배추흰나비 애벌레야. 생김새를 보니 넌 호랑나비 애벌레구나."

"내가 호랑나비 애벌레라고?"
"그래, 호랑나비는 아주 멋진 날개를 가졌대."

'내가 그렇게 예쁘단 말이지?'
작은 애벌레는 가슴이 두근두근 뛰었어요.
떨리는 마음으로 이슬방울에 제 모습을 비추어 보았어요.

"에구머니나, 이게 뭐야!"
호랑나비 애벌레는 깜짝 놀라 소리쳤어요.
울퉁불퉁 거뭇거뭇, 몸이 마치 새똥 같았거든요.

"으앙! 내가 새똥 모양이라니!"
"쉿, 조용히 해. 새들에게 들키면 어쩌려고.
새들이 우리를 발견하면 잡아먹히고 말 거야."

그때 멀리서 새가 날아오는 것이 보였어요.
배추흰나비 애벌레는 배춧잎 속으로 쏙!
그런데 호랑나비 애벌레는 몸을 웅크리고 꼼짝하지 않았어요.

"에이, 뭐야? 먹이인 줄 알았는데 똥이잖아!"
호랑나비 애벌레에게 속은 새들은 멀리 날아갔어요.
'후유, 살았다.'

허물을 벗고

허물을 벗고

1령

2령

허물을 벗으면서 자라요
호랑나비 애벌레는 모두 여섯 번의 탈피를 거쳐 어른벌레로 자라요. 몸이 자라면서 작아진 허물을 벗고 새 옷으로 갈아입는 것을 탈피라고 해요. '령'은 애벌레들의 나이를 세는 단위로, 허물을 한 번 벗을 때마다 1령씩 늘어나지요.

시간이 얼마나 지났을까요?
호랑나비 애벌레는 몸이 자라면서 허물을 벗고
새 옷으로 갈아입었어요.
'언제쯤 새똥이 아닌 멋진 모습으로 변할 수 있을까?'

세 번이나 허물을 벗었지만
여전히 새똥 모양 그대로였어요.
크기만 조금 더 커지고 통통해졌을 뿐이었지요.

그러던 어느 날이었어요.
네 번째 허물을 벗고 난 호랑나비 애벌레는
어딘지 달라진 것 같은 느낌이 들었어요.
얼른 이슬 앞으로 가서 제 몸을 비춰 보았지요.

"우아, 바뀌었어! 몸이 아주 예쁜 초록색이야!"
호랑나비 애벌레는 얼굴을 가까이 들여다보았어요.
"내 얼굴을 보면 뱀인 줄 알고 무서워 도망가겠지?"
노란 뿔도 쑥 내밀어 보았어요.
"누군가 귀찮게 하면 고약한 냄새를 풍겨 쫓아 버릴 거야!"
호랑나비 애벌레는 제 모습이 맘에 쏙 들었어요.

"배추흰나비 애벌레야, 나 어때?"
호랑나비 애벌레는 친구를 찾아가 자랑했어요.
"축하해, 정말 멋진 애벌레가 되었구나."
그런데 어쩐지 배추흰나비 애벌레는 힘이 없어 보였어요.

"너 왜 그래? 어디 아파?"
"번데기가 될 준비를 하느라 그래.
당분간 날 만날 수 없을 거야.
다시 만날 때까지 잘 지내."

"그게 무슨 소리야?
왜 못 만난다는 거야?"

며칠이 지났어요.
정말로 배추흰나비 애벌레가 보이지 않았어요.
이곳저곳 열심히 찾아보아도 소용없었지요.
쓸쓸히 돌아가는 길에 배춧잎에 붙어 있는
고치가 보였어요.

'배추흰나비 애벌레가 틀림없어.'
호랑나비 애벌레는 알 수 있었어요.
곧 자기도 친구처럼 번데기가 되어야 한다는 것을요.

바람이 점점 차가워지고 있었어요.
호랑나비 애벌레는 단단한 나무줄기 위로 기어 올라가
입에서 실을 토해서 줄기에 걸었어요.
등에도 실을 연결해 몸을 단단히 묶었지요.
그리고 마지막으로 커다란 초록색 허물을 벗었어요.

번데기가 된 호랑나비 애벌레는 단단한 고치 안에서
깊고 깊은 잠에 빠져들었어요.

어디선가 작은 소리가 들렸어요.
얼음이 녹아 물이 흐르고,
땅속에서 씨앗들이 움트는 소리였지요.

그때, 익숙한 목소리가 들려왔어요.
"호랑나비야, 일어나!"
작고 하얀 나비가 날개를 팔랑이며 소리쳤어요.

"나야, 나 배추흰나비. 봄이 되었어, 어서 나와!"

쩌저적.
번데기의 뒤쪽이 힘차게 갈라졌어요.
아직 힘이 없는 나비는 천천히 고개를 들어 보았어요.
젖고 구겨진 날개가 무겁게 느껴졌어요.

시간이 조금 지나자 더듬이가 움직였어요.
날개도 한결 가벼워졌어요.
'그래, 이제 난 호랑나비야!'
호랑나비는 화려한 날개를 활짝 펼치고 하늘로 날아올랐어요.

"이쪽이야, 어서 와!"
멀리서 배추흰나비가 호랑나비를 불렀어요.
하얗고 귀여운 날개가 꽃잎처럼 나풀거렸어요.

향기로운 꽃밭에는 많은 나비가 날고 있었어요.
그중 가장 눈에 띄는 건 호랑나비였지요.
호랑나비는 크고 화려한 날개를 펼치며 마음속으로 외쳤어요.
'나는 내가 너무 좋아!'

자꾸 변신하는 곤충

나비는 어떻게 해서 예쁜 모습을 갖게 될까요? 나비는 알에서 깨어나 어른벌레가 되기까지 여러 번의 과정을 거쳐요. 그런데 모습이 거의 변하지 않고 어른이 되는 곤충도 있답니다.

번데기 과정을 거쳐요

나비, 벌, 무당벌레는 알에서 깨어나 애벌레가 되었다가 번데기를 거쳐 어른벌레가 돼요. 이런 과정을 거치는 곤충은 애벌레 때와 어른벌레의 모습이 완전히 달라요.

호랑나비 한살이

알 → 애벌레 → 번데기 → 어른벌레

번데기에서 어른벌레 모습으로 나와요.

무당벌레는 어떻게 자랄까?

알 → 번데기 → 어른벌레

그대로 어른벌레가 돼요

매미, 잠자리, 메뚜기 애벌레는 번데기 과정을 거치지 않아요. 여러 번 허물을 벗으며 자라서 어른벌레가 되지요. 이런 곤충은 애벌레와 어른벌레의 모습이 비슷해요.

매미 한살이

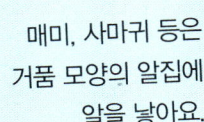
매미, 사마귀 등은 거품 모양의 알집에 알을 낳아요.

알

애벌레

어른벌레

몸이 자라면서 여러 번의 허물을 벗어요.

잠자리는 어떻게 자랄까?

어른벌레가 되기 위해 물에서 나온 애벌레예요.

막 허물을 벗고 어른벌레가 되었어요.

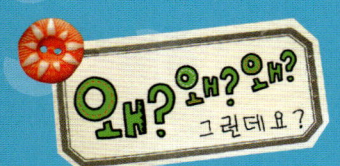 # 나비에 대한 이런 저런 호기심!

나비와 나방은 어떻게 달라요?

나비는 낮에 꽃을 찾아 나풀나풀 날아다녀. 더듬이의 끝은 곤봉처럼 동그랗고, 몸통은 가늘지. 종류에 따라 날개의 색깔이나 무늬가 화려해.
나방은 주로 밤에 활동하고, 환한 등불에 많이 모여들어. 몸통이 두껍고, 더듬이는 끝으로 갈수록 가늘어지거나 깃과 빗살 모양의 잔가지가 있단다.

나비와 나방은 더듬이 모양과 몸통의 굵기로 구별할 수 있어요.

호랑나비 애벌레는 왜 똥처럼 생겼어요?

호랑나비 애벌레가 처음에 새똥 모양을 하고 있는 것은 천적으로부터 자기를 지키기 위해서란다. 자기를 지킬 수 있는 아무 힘이 없으니 새똥처럼 위장해 새들이 잡아먹지 않게 하는 거야. 그러다 몸이 커지면 초록색 잎사귀에 잘 숨을 수 있게 초록색이 되는 거란다. 이때는 무기도 갖게 되는데, 적에게 들키면 무섭게 생긴 가짜 눈으로 위협하고, 노란색 뿔을 내밀어 지독한 냄새로 적을 쫓지.

마른 나뭇잎 모양으로 위장한 비단나비 번데기예요. 번데기 역시 여러 방법으로 자기를 보호해요.

나비는 무얼 먹고 사나요?

나비는 꽃의 꿀을 먹고 산단다. 머리에 달린 더듬이로 꿀 냄새를 찾아 내고, 두 쌍의 날개를 위아래로 팔랑팔랑 움직여 꽃 위에 내려앉지. 그런 다음 돌돌 말려 있는 입을 빨대처럼 쭉 펴서 꽃 속에 깊숙이 찔러 넣고 꿀을 빨아 먹는단다. 꿀을 다 먹으면 입을 다시 돌돌 말아. 그래야 움직이기 편하기 때문이지.

나비는 빨대처럼 생긴 입을 펼쳐서 꽃 속의 꿀을 빨아 먹어요.

나비는 얼마나 오래 살아요?

나비는 10일이나 한두 달 정도 사는데, 알을 낳으면 죽게 돼. 알부터 시작한다고 보면 일 년 넘게 사는 나비도 있단다. 만약 알이 백 개 있다면 그 가운데 나비가 되는 것은 한두 마리 정도야. 천적들 때문에 나비가 되지 못하거나, 먹이가 되는 식물이 없어져서 살지 못하기도 하지.

알 (6일)
이백 개 정도의 알을 낳아요.

번데기 (6~7일)
열두 마리 정도만 번데기로 지내요.

애벌레 (18~20일)
백 마리 정도만 네 번의 허물을 벗어요.

나비 (24~28일)
무사히 하늘로 날아오르는 나비는 한두 마리예요.

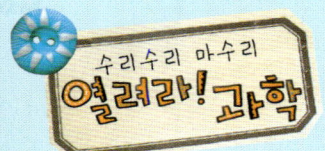

곤충이 자기 몸을 지키는 방법

약한 동물은 몸의 색깔과 모양을 이용하여 적으로부터 자신을 보호해요.

몸 색깔이나 모양이 주위 환경과 비슷해요

나뭇잎나비는 날개를 접고 있으면 낙엽처럼 보여요.

화려한 몸 색깔로 경고해요

무당벌레의 앞날개는 새들이 싫어하는 빨간색이에요.

다른 곤충을 닮아요

꽃등에는 독침이 있는 벌과 매우 비슷하게 생겼어요.

독을 내보내요

노린재는 위험을 느끼면 고약한 냄새가 나는 액체를 내뿜어요.